BEI GRIN MACHT SICH IHR WISSEN BEZAHLT

- Wir veröffentlichen Ihre Hausarbeit,
  Bachelor- und Masterarbeit

- Ihr eigenes eBook und Buch -
  weltweit in allen wichtigen Shops

- Verdienen Sie an jedem Verkauf

Jetzt bei www.GRIN.com hochladen und kostenlos publizieren

Allgemeine Psychologie. Wahrnehmung, Lernen und Gedächtnis

GRIN

Bibliografische Information der Deutschen Nationalbibliothek:

Die Deutsche Nationalbibliothek verzeichnet diese Publikation in der Deutschen Nationalbibliografie; detaillierte bibliografische Daten sind im Internet über http://dnb.d-nb.de abrufbar.

ISBN: 9783346761330
Dieses Buch ist auch als E-Book erhältlich.

Druck und Bindung: Books on Demand GmbH, Norderstedt Germany
Gedruckt auf säurefreiem Papier aus verantwortungsvollen Quellen

Das vorliegende Werk wurde sorgfältig erarbeitet. Dennoch übernehmen Autoren und Verlag für die Richtigkeit von Angaben, Hinweisen, Links und Ratschlägen sowie eventuelle Druckfehler keine Haftung.

Das Buch bei GRIN: https://www.grin.com/document/1297401

Einsendeaufgabe

Allgemeine Psychologie: Wahrnehmung, Lernen und Gedächtnis

SRH Fernhochschule

Modul:

Allgemeine Psychologie: Wahrnehmung, Lernen und Gedächtnis

Studiengang:

Psychologie B.Sc.

Inhaltsverzeichnis

1 Abkürzungsverzeichnis

Abb.	Abbildung
Aufl.	Auflage
bspw.	beispielsweise
bzw.	beziehungsweise
z. B.	Zum Beispiel
vgl.	vergleiche

2 Abbildungsverzeichnis

3 Vermerk

Aus Gründen der Lesbarkeit wird das generische Maskulinum eingesetzt. Frauen- und andere Geschlechtsidentitäten sind explizit miteinzubeziehen, sofern dies für die Behauptung erforderlich ist.

4 Einleitung

4.1 Problemstellung

Die Lernfähigkeit war in der Evolution schon immer eine der wichtigsten phylogeneti-schen Fähigkeiten von Organismen, um sich an die Umwelt anzupassen. Diese bedeutet für die meisten, sich an eine verändernde Umwelt anzugleichen, und ein damit verbun-denes Überleben. Die meisten Menschen assoziieren den Begriff sofort mit der Schule, in der Vokabeln, historische Daten oder das Rechnen mit Zahlen gelernt werden. Schu-lisches Lernen ist jedoch nur ein kleiner Teil dessen, was Lernen wirklich ausmacht.[1] Babys lernen, wie sie sich bewegen, und Kleinkinder beispielsweise, wie sie richtig lau-fen und sprechen. Sie lernen die Regeln spielend und gesellig kennen, während sie auch motorische Fähigkeiten wie Radfahren oder Schwimmen üben. Erwachsene lernen, be-schäftigen sich mit neuen Technologien oder verfolgen, wie die Funktionsweise von neuen Computerprogrammen ist, während ältere Erwachsene üben, mit körperlichen und geistigen Behinderungen umgehen zu können und wie Geräte zur Unterstützung ihres täglichen Lebens genutzt werden können.[2]

Kurz gesagt – Menschen lernen ihr ganzes Leben lang. Schließlich ist Lernen zweifellos eine der Eigenschaften menschlicher Aktivitäten, denn ohne das Erlernen kultureller Fä-higkeiten, Überzeugungen und Verhaltensnormen wäre es unmöglich, eine erfolgreiche Anpassung einer Gesellschaft zu ermöglichen.[3]

4.2 Zielsetzung

Das Ziel der Hausarbeit besteht darin, das Phänomen des Lernens näher zu betrachten und die verschiedenen Formen des Lernens darzustellen. Aus diesem Grund wird versucht, die folgenden Fragen zu beantworten:

- Wie verläuft Lernen?
- Wie kann das Modelllernen in der Entwicklung von Führungskräften eingesetzt werden und was für eine Rolle spielt die Führungskraft im Unternehmen?

---

[1] Vgl. *Bak* (2019), S. 4.
[2] Vgl. *Uhrhahne et al.* (2019), S. 4-5.
[3] Vgl. *Müsseler/Rieger* (2017), S. 320.

4.3 Aufbau der Arbeit

Diese Arbeit ist in fünf Kapitel gegliedert. Im Anschluss an diese Einleitung wird in Kapitel 5 der Terminus Lernen näher beleuchtet. Intendiert wird darin die Erörterung diverser Formen des Lernens. In Kapitel 6 liegt der Fokus auf dem Modelllernen und dem Einsatz bei der Entwicklung von Führungskräften. Zur praktischen Vertiefung werden die vier basalen Prozesse, die zur Entstehung von Imitation zuständig sind, beschrieben, um später in diesem Zusammenhang die Rolle von Führungskräften einer Unternehmung zu diskutieren. In Kapitel 5 erfolgt ein Resümee der wichtigsten Erkenntnisse in einem Schlusswort.

5 Lernen – Die Grundlagen

In Kapitel 5 werden die Grundlagen des Lernens thematisiert. Das Hauptaugenmerk liegt auf der Erklärung der Definition. Ferner werden die verschiedenen Formen des Lernens wiedergegeben.

5.1 Begriffsdefinition

Eine allgemeingültige Definition von Lernen gibt es nicht. In der Psychologie wird Lernen als ein Prozess beschrieben, der aufgrund von Erfahrungen langfristige Veränderungen des Verhaltenspotenzials bewirkt. Diese auf den ersten Blick umständlich erscheinende Definition ist leicht verständlich, wenn sie in einzelne Komponenten heruntergebrochen wird. Lernen ist ein Veränderungsprozess. Das Resultat dieses Prozesses stellt die Veränderung des Verhaltenspotenzials dar. Lernen muss sich jedoch nicht immer direkt durch Verhaltensänderungen ausdrücken, daher begnügt sich die Definition damit, dass sich das Verhaltenspotential des Lernenden ändert. Die Fähigkeit zu lernen, ermöglicht es, sich an aktuelle, ständig ändernde Anforderungen anzupassen sowie auf Umweltereignisse zu reagieren.[4]

Dieses Potenzial ist zwar angeboren, jedoch gestaltet sich die Nutzung individuell. Obwohl alle Menschen lernen, können nicht alle ihr Lernpotenzial frei entfalten. Ein völliger Verzicht, das eigene Lernpotenzial nicht zu nutzen, ist undenkbar. Lernen ist Teil des Lebens eines jeden Menschen, auch wenn dies auch des Öfteren unbewusst und im Vorbeigehen sowie seltener absichtlich oder vorsätzlich verläuft – Menschen müssen lernen. Beispiele für das Lernen sind sehr vielfältig: vom Auswendiglernen eines Lieds zum Erlangen eines neuen Wortschatzes bis hin zum Erwerb spezifischer Kenntnisse und Fähigkeiten. Die Aufzählung dieser Beispiele zeigt, wie unterschiedlich das Lernen sein kann und dass wir stets und überall lernen.[5]

Im Mittelpunkt der Psychologie des Lernens steht die systematische Untersuchung von Lernprozessen: Wie lernen wir und was ist dafür erforderlich? Wann haben wir beispielsweise besonders gut gelernt? Der Lernprozess basiert oft auf experimenteller Forschung. Ein typisches Lernexperiment besteht aus Lernphase und Abrufphase. Ferner findet auch noch eine Differenzierung statt, ob ein Testteilnehmer absichtlich lernt oder er ungewollt – ohne seine Absicht – lernt beziehungsweise ein inzidentelles Lernen stattfindet.[6]

---

[4] Vgl. *Kiesel/Koch* (2012), S. 12-13.
[5] Vgl. *Hasselhorn/Gold* (2013), S. 37.
[6] Vgl. *Bak* (2019), S. 6.

Lernen kann auf sehr unterschiedliche Weise erfolgen. Oftmals sind Assoziationen die Grundlagen des Lernprozesses. Unter assoziativem Lernen werden allgemein Lernformen verstanden, bei denen Ereignisse, Reize, Verhaltensweisen etc. als zusammengehörig identifiziert, wahrgenommen oder interpretiert werden. Unter assoziativem Lernen wird insbesondere die klassische und operante Konditionierung zusammengefasst. Eine solche Lernform beschreibt die Bildung neuronaler Verbindungen zwischen neutralen Reizen und sekundären Reizen, die positive oder negative Auswirkungen auf den Organismus haben.[7]

5.2 Historische Wurzeln des Lernens

Die Lernpsychologie ist historisch eng mit dem Begriff der Assoziation verwandt. Dieser Begriff existiert schon lange und erschien bereits bei Aristoteles.

Er differenzierte drei Prinzipien der Assoziationsbildung: zeitliches Zusammenfließen (Kontiguitätsprinzip), Ähnlichkeit und Kontrast. Dieses Prinzip beschreibt die Assoziation zweier Ereignisse oder Dinge, wenn sie wiederholt und zeitlich benachbart sind. Als ein Beispiel dieses Kontiguitätsprinzips kann das Warten im Wartezimmer beim Zahnarzt herangezogen werden. Für manche Menschen kann allein der Lärm eines Zahnarztbohrers Schweißausbrüche verursachen, da dieses Geräusch früher mit unangenehmen Erfahrungen assoziiert wurde.[8]

Basierend auf diesen Ideen entwickelte sich im Laufe der Zeit die philosophische Richtung Assoziationismus. Diese Richtung besagt, dass psychische Prozesse wesentlich auf der Bildung von Assoziationen beruhen. Diese historischen Wurzeln bildeten den Hintergrund, vor dem die Pioniere wie Iwan P. Pawlow und Edward L. Thorndike die systematische, empirisch-experimentelle Untersuchung vom Lernen initiiert haben. Diese bahnbrechenden Errungenschaften in der associativen experimentellen Psychologie haben sich vor allem in den USA etabliert, wobei diese Psychologierichtung unter dem Namen Behaviorismus zusammenzufassen ist. Die Kernidee des Behaviorismus besteht darin, dass nur Verhalten Gegenstand der Untersuchung ist und die Gegebenheiten gefunden werden müssen, um eine Änderung des Verhaltens zu bewirken und eine Anpassung an die Umweltbedingungen zu ermöglichen. Dabei ist der Behaviorismus eng mit der Psychologie des Lernens verknüpft, da wie bereits geschildert das Lernen als langfristige, erfahrungsbezogene Verhaltensänderungen definiert wird.[9]

---

[7] Vgl. *Bak* (2019), S. 6-7.
[8] Vgl. *Müsseler/Rieger* (2017), S. 321-322.
[9] Vgl. *Kiesel/Koch* (2012), S. 12-16.

5.3 Lernformen

Die Lernpsychologie befasst sich mit den Mechanismen des Wissenserwerbs (Lernen) und Speicherns (Gedächtnis). Grundsätzlich lassen sich vier Arten des Lernens differenzieren: assoziatives Lernen, klassische Konditionierung, operante Konditionierung und Beobachtungslernen. Die Lernforschung wird hauptsächlich von zwei Richtungen beeinflusst:

- Der Behaviorismus pointiert externe Ereignisse und versucht, Lernen ohne Zwischenvariablen (z. B. Motivation) zu veranschaulichen.

- Der Kognitivismus setzt sich hauptsächlich mit der menschlichen Informationsverarbeitung und höheren kognitiven Funktionen auseinander. Im Vergleich zum Behaviorismus wird das menschliche Verhalten im Kognitivismus nicht durch Umweltbedingungen, sondern durch kognitive Prozesse erklärt. Kern der Forschung sind die inneren Prozesse des Menschen: die Art und Weise, wie Menschen Informationen aufnehmen, verarbeiten, verstehen und sich diese merken.[10]

5.3.1 Klassische Konditionierung

Die klassische Konditionierung ist eine Grundform des Lernens, bei der ein Stimulus oder Ereignis das Eintreten eines anderen Stimulus oder Ereignisses vorhersagt. Dabei folgt auf ein Ereignis ein weiteres bestimmtes Ereignis. Der Lernmechanismus der klassischen Konditionierung wurde von Iwan Pawlow entdeckt. Er wollte die chemische Zusammensetzung von Verdauungssäften (z. B. Speichel) primär analysieren und nicht Verhalten und Lernmechanismen.[11]

In seinen Experimenten beobachtete er jedoch, dass Hunde damit anfingen, zu speicheln, bevor sie Nahrung spüren (sehen oder riechen) konnten. Dabei war es ein neutraler Reiz, auf den Hunde reagierten und der die Verdauungsreaktion stimuliert hatte. In späteren Experimenten verwendete Pawlow eine Glocke als neutralen Stimulus, wobei viele klassische Phänomene der klassischen Konditionierung erforscht werden konnten.[12]

Diese durch die Glocke ausgelöste antizipative Reaktion des Speichels nannte er einen konditionierten Reflex. Der Kern der klassischen Konditionierung ist demzufolge der Lernreflex. Ein Reflex ist eine ungelernte Reaktion, die dabei durch bestimmte Reize

---

[10] Vgl. *Schmithüsen* (2015), S. 26-27.
[11] Vgl. *Zimbardo/Gerrig* (2008), S. 195.
[12] Vgl. *Schmithüsen* (2015), S. 29-30.

ausgelöst wird und biologisch kurativ ist. Da das Verursachen des Speichelflusses in Gegenwart von Nahrung nicht erlernt, sondern ein Reflex ist, wird diese Reaktion als unkonditionierte Reaktion beschrieben.[13]

Ein Zahnarztbesuch kann für diese Wirksamkeit als Beispiel herangezogen werden. Der Zahnarztbohrer verursacht häufig Schmerzen und es tritt die Angst auf, dass die Schmerzen anhalten könnten. Kurz bevor der Zahnarzt seine Arbeit mit dem Bohrer verrichtet, wird ein Bohrgeräusch wahrgenommen, mit dem das anschließende Schmerzempfinden verknüpft wird, ehe der Bohrer tatsächlich angewendet wird. In einigen Fällen kann auch nur schon das Wort „Zahnarzt" mit der jeweiligen Vorstellung ein Unbehagen auslösen. Als weiteres Beispiel können Asthmaanfälle durch nicht allergene Artikel herangezogen werden. Asthma beginnt oft als eine allergische Reaktion auf bestimmte, allergieauslösende Stoffe wie z. B. Staub oder Tierhaare. Sobald diese Allergene mehrmals in Begleitung eines nicht allergenen Reizes stehen und auf diesen konditioniert wurden, kann dieser allergisch wirken. So kann nur schon der Anblick einer Katze im Nebenzimmer oder auch nur das Bild einer Katze bei Allergikern zu Atemproblemen führen. Manchmal können Menschen in Angst oder Panik geraten, nur wenn schon über Katzen gesprochen wird.[14]

5.3.2 Operante Konditionierung

Bei der klassischen Konditionierung wird ein vorheriger neutraler Reiz mit einem bestehenden Reiz kombiniert. Bei der operanten Konditionierung wird hingegen eine neue Verhaltensweise erlernt. Operantes Verhalten ist instrumentell, weil das Verhalten Veränderungen und somit Folgen auf die Umgebung bewirkt. Bei der operanten Konditionierung wird davon ausgegangen, dass die Belohnung eines bestimmten Verhaltens die Wahrscheinlichkeit deutlich erhöht, dass sich dieses wiederholen wird.[15]

Thorndike (1898) führte das erste Experiment Ende des 19. Jahrhunderts durch, aber Skinners Forschung besitzt eine größere Bekanntheit. Bei seinem Experiment wird ein hungriges Tier (normalerweise eine Maus oder Taube) in einem leeren Käfig (Skinner-Box) eingeschlossen. Außer dem Tier gibt es nur ein Panel mit Knöpfen. Durch das Drücken des Panels wird Nahrung (Belohnung) in das Gehege gelegt. Im ersten Schritt drückt das Tier den Knopf zunächst per Zufall, dann wird das Drücken des Knopfes

---

[13] Vgl. *Jansen* (2015), S. 20-21.
[14] Vgl. *Becker-Carus/Wendt* (2017), S. 298.
[15] Vgl. *Kiesel/Koch* (2012), S. 22.

häufiger, weil es merkt, dass durch das Betätigen des Knopfes die Belohnung in Form von Futter auftritt.[16]

Um einen Verstärkungseffekt zu erzielen, dürfen die erwartete Verhaltensweise und Belohnung nicht zu weit auseinanderliegen. Heutzutage ermöglichen Online-Angebote eine operante Konditionierung. Zum Beispiel sind viele Computerspiele vollständig nach dem Muster der operanten Konditionierung konstruiert: Spieler merken schnell, welches Verhalten ihnen einen Vorteil verschafft und zu Punkten führt. Wenn sie besonders gute Ergebnisse erzielt haben (beispielsweise das Erreichen eines neuen Levels), erhält der Spieler die Ehre bzw. einen zusätzlichen Bonus. Dieses eindrucksvolle Beispiel zeigt, wie dieser operante Prozess auf die Süchtigkeit eines Spielers wirkt. Dabei erweist sich ein Abbruch einer Session als äußerst schwierig. Klassische und operante Konditionierung gehören zu den Grundprinzipien nicht nur des tierischen, sondern auch des menschlichen Verhaltens. Der Mensch ist im Grunde eine Black Box, die sich einfach definieren lässt. Die Mechanismen basieren auf einem hochkomplexen Spiel von Motiven, Moralvorstellungen, Einstellungen sowie äußeren Faktoren. Es ist jedoch unmöglich, zu leugnen, dass Menschen sich mittels Belohnung und Verhaltensverstärkern indoktrinieren lassen.[17]

Die Prinzipien der operanten Konditionierung sind nicht nur im Rahmen von Computerspielen anwendbar, sondern auch bei der Implementierung von Belohnungs- und Motivationssystemen in Unternehmen. Da die Verstärker leistungssteigernd wirken, bieten Firmen ihren Mitarbeitern eine Gewinnbeteiligung oder Anteile an der Firma an. Unternehmen im Allgemeinen und Manager im Besonderen achten auf eine bedingte Verstärkung. Leistungsziele werden in Zielverträgen so detailliert wie möglich definiert und mit klar definierten Belohnungen verbunden. Idealerweise sollten Führungskräfte nicht nach einer vorgegebenen Zeit belohnen, sondern unmittelbar nach dem Erreichen der Ergebnisse.[18]

---

[16] Vgl. *Sokolowski* (2013), S. 135-136.
[17] Vgl. *Kielholz* (2008), S. 89-92.
[18] Vgl. *Jansen* (2015), S. 53-54.

5.3.3 Beobachtungslernen

Menschen und Tiere lernen nicht nur, wenn sie miteinander agieren oder auf Reize reagieren, vielmehr lernen sie auch durch das Beobachten anderer. Dieses Lernen stellt eine optimale Möglichkeit dar, um das Verhalten besser anzupassen, ohne dabei selbst Fehler zu machen oder sich anstrengen zu müssen, um ein Verhalten in einer bestimmten Situation erfolgreich zu etablieren.[19] Beobachtungslernen wird auch als Modelllernen, soziales Lernen oder Imitationslernen bezeichnet. Beobachtungslernen bedeutet, dass wir nicht nur durch unser eigenes Verhalten und seine Folgen (instrumentelle Konditionierung) lernen, sondern auch durch das Beobachten des Verhaltens anderer und seiner Folgen. Es wird davon ausgegangen, dass gerade Kinder viel durch Modelllernen erfahren, also durch die Beobachtung ihrer Eltern und Geschwister.[20]

5.3.4 Habituationslernen

Die Verhaltensänderung durch Gewöhnung stellt die einfachste Art dar, um etwas zu lernen. Bei dieser Methode lernen Menschen automatisch, den anfänglich aufregenden Reiz außer Acht zu lassen, der durch eine häufige Wiederholung ausgelöst wird. Dieses Phänomen lässt sich bereits beispielsweise bei Säuglingen vor der Geburt nachweisen. Im Vergleich zu der erwähnten Konditionierung findet bei dieser Lernform keine Assoziation statt. Ferner wird auch keine Bestätigung oder Belohnung herbeigeführt. Ein bekanntes Beispiel für Gewöhnung findet sich bei Geräuschen. Obwohl Hunde am Anfang eine Orientierungsreaktion auf raschelnde Blätter besitzen, gewöhnen sie sich sehr schnell daran und ignorieren allmählich das Rascheln.[21] Das Lernen durch Habituation, das gelegentlich auch als Müdigkeit oder negatives Lernen beschrieben wird, ist nicht auf die Ermüdung funktionierender Organe (Muskeln) zurückzuführen, sondern die Ursache liegt in den beteiligten neuralen Strukturen. Dabei kommt es zu einer Schwächung der Reaktion, sofern eine gleichartige Wiederholung des Reizes erfolgt, wobei dieser schließlich nach einer kurzen Pause wieder voll auslösbar ist.[22]

---

[19] Vgl. *Kiesel/Koch* (2012), S. 73.
[20] Vgl. *Rademacher* (2014), S. 109.
[21] Vgl. *Becker-Carus/Wendt* (2017), S. 294-295.
[22] Vgl. *Rahmann/Rahmann* (1988), S. 252.

5.4 Zusammenfassung

Der Prozess, alles zu erwerben, was mit unseren Fähigkeiten und unserem Wissen zusammenhängt, wird Lernen genannt, vor allem im akademischen Sinne. Lernen findet
statt, wenn eine beobachtbare Verhaltensänderung, die zeitlich überdauert, durch
Übung oder Erfahrung erlangt wurde. Gegenstand der klassischen Konditionierung ist
die biologische Reaktion auf Reize, wenn eine Koppelung des anfänglichen Reizes mit
einem neuen Reiz stattfindet und dabei auch der neue Reiz eine gleiche biologische
Reaktion auslöst. Das berühmteste Beispiel ist Pawlows Hund für klassische Konditionierung. Pawlows Hund lernte, auf die Glocke mit erhöhtem Speichel zu reagieren. Dabei
nimmt der Speichel auf natürliche Weise zu, wenn Hunde gefüttert werden.[23]

Es geht heraus, dass bei der klassischen Konditionierung die Reizpräsentation unab-
hängig vom Verhalten des Versuchstiers oder der Versuchsperson auftritt. Dahingegen
liegt bei der operanten Konditionierung das Augenmerk auf auftretenden Lernphänome-
nen, wenn das Verhalten des Versuchstiers oder der Versuchsperson bestimmte Folgen
auf diese hat. Dabei handelt es sich um einen instrumentellen Lernprozess, da die Umweltbedingungen beeinflusst werden.[24]

Als eine weitere Lernform ist neben der klassischen und operanten Konditionierung das
Beobachtungslernen zu nennen. Dabei handelt es sich um einen kognitiven Lernprozess, wenn eine Person ein neues Verhalten annimmt oder ein bestehendes Verhaltensmuster weitgehend ändert, indem sie das Verhalten und die daraus resultierenden Kon-
sequenzen anderer Personen beobachtet. Schließlich gibt es noch das Habituationsler-
nen. Dabei werden Reize ausgeblendet, die keine relevanten Informationen enthalten.[25]

---

[23] Vgl. *Sokolowski* (2013), S. 129-130.
[24] Vgl. *Strobach/Wendt* (2019), S. 27.
[25] Vgl. *Becker-Carus/Wendt* (2017), S. 342.

6 Kritische Rolle der Führungskräfte

Im Folgenden wird die Rolle der Führungskraft beleuchtet, indem zuerst eine Abgrenzung des Begriffs Leadership stattfindet. Im weiteren Verlauf wird die transformationale Führung näher erläutert, die mit dem Modelllernen stark zusammenhängt.

6.1 Begriffsabgrenzung Leadership

Das Wort Leadership geht zurück in die prähistorische nordgermanische Zeit. Während des Mittelalters nahm die Bedeutung dieses Wortes zu, wobei es übersetzt wurde in „ernster sein" oder „jemanden anführen". Der Begriff war jedoch damals aufgrund des damaligen herrschenden Nationalsozialismus stark negativ konnotiert.[26]

Die Definition von Leadership lautet wie folgt: „Führung von anderen Menschen bzw. Menschengruppen, insbesondere im politischen, geistigen oder ideologischen Bereich und als Fähigkeit eines Menschen aufgrund seiner Persönlichkeit andere Menschen bzw. Menschengruppen zu führen".[27]

Die Rolle der Führungskraft hat sich dabei stetig gewandelt. In den 1950er und 1960er Jahren war der Unternehmensführer dominant, der das jeweilige Unternehmen mit wenig Toleranz für Widerstände zum Erfolg führte. Dabei agierten allgemein Unternehmen des Öfteren autoritär und mit einer klaren Hierarchie. Führung basierte auf Expertenmacht, wobei der Chef alles regelte. Der Mehrwert dieses Führungsstils waren Stabilität und Sicherheit. In den 1970er Jahren fand ein Umdenken statt und die patriarchalische Führung wurde in Frage gestellt. Heutzutage baut Führung auf demokratischen und transformierenden Komponenten auf, die deutliche Züge der transformationalen Führung sind.[28]

Eine Führungskraft wird dabei definiert als eine Person, die die zu bewältigenden Aufgaben vorbildlich und zielorientiert in Angriff nimmt und somit Teammitglieder inspiriert. Ein Leader führt dabei nicht nur Menschen, sondern stellt eine Führungspersönlichkeit dar. Dabei definiert eine erfolgreiche Führung Zielstrebigkeit, Offenheit und Entschlossenheit.[29]

---

[26] Vgl. *Furtner* (2017), S. 10-11.
[27] *Peters* (2015), S. 1.
[28] Vgl. *Franken* (2019), S. 16-20.
[29] Vgl. *Peters* (2015), S. 5.

6.2 Transformationale Führung

Das transformationale Führungsmodell ist gekennzeichnet durch Bewunderung, Loyalität und Respekt der Geführten sowie durch Vertrauen in den Manager und die damit verbundene überdurchschnittliche Erbringung von Leistungen. Dieses Führungsmodell wurde von James MacGregor Burns konzipiert, der US-amerikanischer Politologe und Historiker war. Er widmete sich den Untersuchungen zum Führungsverhalten von US-Präsidenten. Im Jahr 1978 veröffentlichte er das Buch Leadership, in dem er die Grundlagen transaktionaler Führung beschrieb. Es wurde deutlich, dass politische Anführer in ein Austauschverhältnis (Transaktionsverhältnis) mit der Wählergemeinschaft treten. Dabei bietet der jeweilige Politiker den Wählern vielfältiges Material wie emotionale oder ideologische Vorteile im Gegenzug an. Transformationale Führung hört hier nicht auf, denn sie transformiert das Verhalten und Bewusstsein von Mitarbeitern und Kollegen und es wird ein neues, höheres Level erreicht. Die Führungskräfte führen mir Enthusiasmus und Zuversicht und können ihre Mitarbeiter motivieren. Sie werden als Vorbilder gesehen und vermitteln ihren Mitarbeitern Werte wie Stolz und Wertschätzung.[30]

Führungskräfte vereinbaren nicht nur Ziele und sorgen für einen transaktionalen Austausch, sondern erkennen die Bedürfnisse und Motivationen der Mitarbeiter und bieten Anreize und Belohnungen, damit eine optimale Zielerreichung stattfindet. Im Gegenzug bringen Mitarbeiter ihre Fähigkeiten und ihr Wissen ein und übernehmen dabei Verantwortung. Diese wechselseitige Beziehung zwingt insbesondere Führungskräfte dazu, ein authentisches Vorleben der Unternehmensmission und seine Werte zu fördern, damit diese auch von den Mitarbeitern gelebt werden. Es treten Respekt und Loyalität seitens der Arbeitnehmer auf, was sich in einem erhöhten Beobachtungslernen widerspiegelt. Beide Parteien leisten am Erfolg des Unternehmens zu gleichen Hälften.[31]

---

[30] Vgl. *Finckler* (2017), S. 131-134.
[31] Vgl. *Rademacher* (2014), S. 112-113.

Nachfolgend werden die Mehrwerte einer transformationalen Führung wiedergegeben.

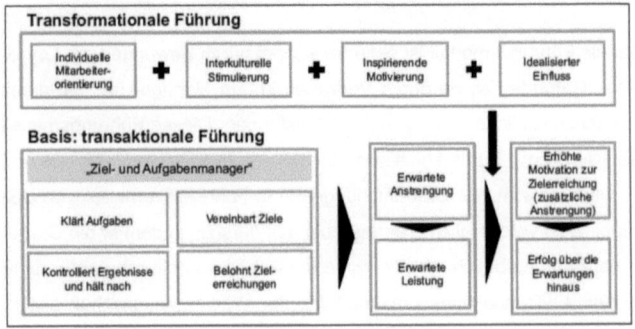

Abbildung 1: Transformationale Führung und deren Mehrwert

Quelle: (Peters, 2015, S. 59)

Die transformationale Führung bedeutet mehr als Zielvereinbarungen und das Anstreben eines reibungslosen Austauschs zwischen Mitarbeitern.
Vielmehr sind ihre Fähigkeiten vielfältig:

- Durch herausfordernde und außergewöhnliche Ziele wird die Motivation der Mitarbeiter gefördert.
- Führungskräfte werden als Vorbilder angesehen. Dabei herrschen Respekt und eine Bewunderung gegenüber der Führungskraft seitens der Mitarbeiter. Die Mitarbeiter arbeiten dabei verlässlich und erfüllen hohe moralische und ethische Standards. Hierbei manifestiert sich ein vorbildliches Verhalten.
- Transformationale Führung vermittelt Enthusiasmus und Teamwork (inspirierende Motivation). Indem Mitarbeitern mehr Entscheidungsmacht gegeben wird, werden Mitarbeiter aktiv in den Entscheidungsprozess miteingebunden.
- Führungskräfte regen die Kreativität der Mitarbeiter an, ermutigen sie zur Kritik und fördern das eigenständige Denken und Problemlösen (intellektuelle Anregung).
- Die Führungskräfte treten als interne Berater, Mentoren oder Coaches auf. Sie gehen auf die persönlichen Bedürfnisse, Fähigkeiten und Werte ihrer Arbeitnehmer ein. Dabei werden gezielt die Talent- und Kompetenzentwicklung ihrer Mitarbeiter gefördert (persönliche Betrachtung eines jeden einzelnen Mitarbeiters).
- Führungskräfte ermutigen Mitarbeiter auf vielfältige Weise, Ziele zu erreichen. Vorgesetzte konzentrieren sich insbesondere auf das Selbstbewusstsein der Mitarbeiter.

- Transformationale Führungskräfte kommunizieren eine klare Vision.[32]

Insbegesamt tritt die Führungskraft als Vorbild auf und zeigt auf diese Weise, wie agiert werden soll: Durch eine Assistenztätigkeit sieht der Lernende die Führungskraft als Modellperson und kann eine fachmännische, professionelle Handlung eins zu eins erleben. Insbesondere wenn die Führungskraft die inneren Denk- und Problemlösungsprozesse offen mitteilen kann, wird das erfolgreiche Lernen verstärkt. Dadurch findet eine Stärkung der positiven Verhaltensweisen einer Führungskraft statt, welches zum Nachahmen führen kann.[33]

6.3 Zusammenfassung

Der Begriff Führung bezieht sich auf den Einfluss der Einstellungen und des individuellen Verhaltens sowie auf die Interaktionen innerhalb und zwischen Gruppen. Der Zweck besteht darin, gemeinsam bestimmte Ziele zu erreichen.[34]
Die transaktionale Führung ist eng mit Konzepten wie Führung durch Zielvereinbarung verbunden. Eine Führungskraft vereinbart mit ihren Mitarbeitenden Ziele, die innerhalb einer bestimmten Zeit erreicht werden sollen. Mit einer erfolgreichen Zielerreichung werden bestimmte Anreize gesetzt (z. B. Aussicht auf eine Gehaltserhöhung). Die transformationale Führung wirkt auf einer höheren emotionalen Beeinflussungsebene.[35]
Die transformationalen Führungskräfte erkennen nicht nur die Bedürfnisse ihrer Mitarbeiter, sie versuchen das Niveau dieser Bedürfnisse auf einen höheren Reifegrad zu heben. Eine Führungskraft transformiert die Motivationen, Werte, Ziele und das Mitarbeitervertrauen. Dabei wird den Mitarbeitern mehr Entscheidungsmacht gegeben (Empowerment). Sie werden ebenfalls aktiv in den Entscheidungsprozess eingebunden. Führungskräfte dienen als Vorbilder und werden aufgrund ihrer Werte als Vorbilder angesehen. Ferner ermutigen sie Mitarbeiter auf vielfältige Weise, Ziele zu verfolgen. Dadurch identifizieren sich Mitarbeiter mit den Zielen von Führungskräften und Mitarbeitern. Als Folge erhöhen sich die Bemühungen der Mitarbeiter, die gemeinsamen Ziele zu erreichen.[36] Bei der transformationalen Führung finden eine Persönlichkeits- und Einstellungsentwicklung statt. Dadurch können Mitarbeiter das Verhalten von Führungskräften beobachten und erhalten die Gelegenheit zum Lernen am Modell.[37]

---

[32] Vgl. *Peters* (2015), S. 55-56.
[33] Vgl. *Fischer* (2007), S. 306-307.
[34] Vgl. Bollinger (2010), S. 55.
[35] Vgl. *Fittkau/Heyna* (2020), S. 18.
[36] Vgl. *Peters* (2015), S. 55.
[37] Vgl. *Bollinger* (2010), S. 134.

7 Modellernen in der Unternehmung

In diesem Kapitel steht das Modelllernen im Vordergrund. Dabei werden vor allem zwei Fragen behandelt: Was macht Modelllernen aus und wie kann eine erfolgreiche Umsetzung des Modelllernens in einer Unternehmung erreicht werden?
Ferner wird auch näher auf die vier basalen Prozesse des Imitationslernens eingegangen.

7.1 Abgrenzung des Begriffs Modellernen und Ihre essenzielle Rolle im Unternehmen

Oftmals verhält sich eine Person anders als zuvor, nachdem sie bei anderen das Verhalten beobachtet hat. Ein solches Beobachtungslernen findet sogar bei Säuglingen statt, indem sie die Gesichtsausdrücke von ihren Eltern beispielsweise imitieren.[38]
Diese Form des Lernens wurde erstmals von Bandura (1968) erforscht. Vorschulkinder wurden in zwei Gruppen eingeteilt. Die Versuchsgruppe der Kinder beobachtete, wie Erwachsene eine aufblasbare Clown-Puppe heftig beleidigten und schlugen, während sie die Puppe ständig mit ihrem Gewicht vom Boden erhob. Die andere Gruppe der Kinder (Kontrollgruppe) verbrachte Zeit in einem neutralen Raum und spielte dort in Anwesenheit von Erwachsenen. Beide Gruppen waren schließlich frustriert darüber, dass sie nicht mit den Spielsachen spielen durften, die sie vorher hatten. Die beiden Gruppen wurden getrennt zu den Räumen geführt, in denen sich die Puppe befand. Es stellte sich heraus, dass die Kinder der Versuchsgruppe gegenüber der Puppe aggressiver waren als die der Kontrollgruppe. Sie schlugen auf die Puppe ein – und dies nicht nur auf irgendeine Weise, sondern auf die gleiche Weise, wie Erwachsene sie zuvor geschlagen hatten. Auf dieser Grundlage wurde festgestellt, dass Kinder durch die Beobachtung des Verhaltens von Erwachsenen neue aggressive Verhaltensweisen lernen können.[39]

---

[38] Vgl. *Strobach/Wendt* (2019), S. 30.
[39] Vgl. *Jansen* (2015), S. 60-61.

Menschen ändern ihr Verhalten nicht nur, wenn dies angenehme oder unangenehme Folgen hat. Sie lernen in vielen Fällen nur schon durch die Beobachtung möglicher Folgen oder Handlungen anderer. Eine Nachahmung von Verhalten findet dann statt, wenn sie wünschenswerte oder angenehme Folgen mit sich zieht. Die menschliche Fähigkeit, andere zu imitieren und zu beobachten, basiert auf der biologischen Grundausstattung des Menschen. Psychologen sind der Meinung, dass durch eine Nachahmung die Absichten und das Verhalten von anderen besser verstanden werden können.[40] Durch Beobachtungslernen müssen beispielsweise Fehler anderer nicht wiederholt werden. Lernen durch Beobachten spielt auch in der Arbeitswelt eine essenzielle Rolle. Denn in Organisationen arbeiten Menschen zunehmend in Teams und Projektgruppen und haben täglich die Gelegenheit, Kollegen und Vorgesetzte zu beobachten und von ihnen zu lernen. Beobachtung und Nachahmung sind zu bedeutsamen Quellen des Lernens geworden. Lernprozesse können „on the job" eingesetzt oder gezielt durch Training angeregt werden.[41]

7.2 Kriterien für ein erfolgreiches Modellernen in der Führungskräfteentwicklung

Führungskräften sollen Fähigkeiten und Werkzeuge vermittelt werden, die in der Praxis anwendbar sind, damit sie von einfachen Angestellten zu intelligenten und mächtigen Führungskräften heranwachsen.[42]
Dabei ist ein erfolgreiches Beobachtungslernen sowohl bei der Entwicklung von Führungskräften als auch allgemein von erheblicher Relevanz, wobei vier psychologische Faktoren in Erscheinung treten:

- Aufmerksamkeit,
- Gedächtnis,
- Motivation sowie
- Reproduktion.

Für Beobachtungslernen sind gewisse Rahmenbedingungen unabdingbar. Die vier Faktoren des Beobachtungslernens sind wie folgt zusammenzufassen:[43]

---

[40] Vgl. *Berk* (2011), S. 20.
[41] Vgl. *Rademacher* (2014), S. 108-109.
[42] Vgl. *Kaudela-Baum et al.* (2018), S. 12.
[43] Vgl. *Fischer* (2007), S. 303-304.

Aufmerksamkeit	Gedächtnis	Reproduktion	Motivation
Verhalten (1) Salienz (2) Valenz (3) Funktionaler Wert Modell (1) Ähnlichkeit (2) Macht	Kodierung (1) bildlich (analog) (2) verbal (symbolisch) Wiederholung (sym- bolische)	(1) Körperliche Fä- higkeiten (2) Verfügbarkeit der Teilreaktio- nen (3) Feedback	(1) Verhalten-Ver- stärker-Erwar- tungen (2) Verstärkung (extern, stellver- tretend, selbst)

Abbildung 2: Beteiligte Prozesse beim Beobachtungslernen

Quelle: (Horstmann/Dreisbach, 2015, S. 76)

Ein Lernen kann nur gelingen, wenn Menschen bewusst und mit genügend **Aufmerksamkeit** beobachten, um dies später im Gedächtnis zu verankern und zu imitieren. Sofern Führungskräfte den Lernprozess erhöhen möchten, sollten diese dafür sorgen, dass die Aufmerksamkeit ungeteilt ist. Ferner muss beachtet werden, dass das zu erlernende Verhalten ohne Ablenkungen erfolgen soll, damit es im Verhaltenspotenzial aufgenommen werden kann.[44]

Konkrete Führungsfälle können beispielsweise bei der Führungskräfteentwicklung einen hohen Beitrag beim Wissenserwerb leisten: Dies aus dem Grund, da es auf der einen Seite das Fundament der Führung und auf der anderen Seite die praktische Umsetzung von Führungstheorien und -modellen beinhaltet. Fallstudien können auf vielfältige Weise Lernräume eröffnen: Sie können die zentralen Aspekte der Unterrichtseinheit bilden oder auch als konkrete Beispiele in Vorlesungen herangezogen werden. Führungsentwicklung bedeutet aber auch, den Fokus auf die Beziehung zu anderen sowie den Blick auf Führungsaufgaben und kollektive Lern- und Entwicklungsmöglichkeiten zu richten. Wenn Führungsbeziehung nicht bei der Führungskräfteentwicklung integriert wird, kann das Führungskräfteentwicklungsprogramm scheitern. Führungskräfteentwicklung geschieht in einer Pendelbewegung zwischen Menschen und Organisationen. Dabei bietet sich die Möglichkeit, sein eigenes Führungsselbstbild und Verhalten zu reflektieren. Hierbei wird der Fokus auf das eigene Denken und Handeln der Führungskräfte bei Führungssituationen gerichtet.[45]

Ferner arbeiten auch stets zahlreiche Personen in einem Unternehmen und werden im Führungsentwicklungsprozess miteinbezogen. Auch hier geht es vor allem darum, gemeinsame Regeln, Denk- und Handlungsmuster aufzudecken und zu reflektieren, und festzustellen, wie jeder Einzelne dazu beitragen kann, diese zu verändern oder weiterzuentwickeln. Daher ist die Grundvoraussetzung für eine erfolgreiche Führungskräfteentwicklung die reflektierende Haltung von Führungskräften und Institutionen.[46]

---

[44] Vgl. *Rademacher* (2014), S. 110.
[45] Vgl. *Kanning* (2019), S. 274-275.
[46] Vgl. *Kaudela-Baum et al.* (2018), S. 14.

Hervorzuheben ist, dass auch Modelllernen allgemein medial vermittelt werden kann. So wird Business-Fernsehen genutzt, um einer größeren Zielgruppe Weiterbildungen und Inhouse-Schulungen anzubieten. Ferner können auch relevante Unternehmensinformationen über interne Zeitschriften geteilt werden, damit die vorherrschende Organisationskultur an Mitarbeiter vermittelt werden kann.[47]

Damit eine Nachahmung stattfindet, muss das Verhalten im **Gedächtnis** gespeichert werden, um es später abrufen zu können. Dabei ist die aufmerksame Beobachtung ohne Ablenkung durch störende Faktoren von zentraler Relevanz. Das Behalten kann entweder in verbaler oder visueller Art erfolgen.[48]

Ferner ist bei der Imitation des Verhaltens die **Motivation** essenziell. Menschen ahmen nicht immer nach, was sie beobachten. Die Voraussetzung dafür, ein beobachtetes Verhalten selbst ausführen zu wollen, ist Motivation. Dabei spielen unterschiedliche Rahmenbedingungen eine wichtige Rolle. Das Verhalten wird nachgeahmt, wenn die operante Konditionierung verstärkt wird. Beispielsweise können Arbeitnehmer, die beobachten, dass ihre Kollegen für bestimmte Angelegenheiten gelobt oder sogar privilegiert behandelt werden, dieses Verhalten nachzuahmen. Dies aus dem Grund, da die Motivation steigt. Dahingegen kann auch eine Belohnung bei der Beobachtung und der damit verbundenen Nachahmung erfolgen. So können Führungskräfte, die wahrnehmen, dass eine sinnvolle Nachahmung stattfindet, die Motivation ihrer Mitarbeiter unterstützen.[49]

Allgemein hilft die Führungskräfteentwicklung Unternehmen dabei, zu wachsen, indem den Führungskräften neue Fähigkeiten mitgegeben werden und ihnen ermöglicht wird, Fähigkeiten zu entwickeln, die zu ihrem Führungsstil passen und Teammitglieder motivieren. Als Führungskraft hängt der Unternehmenserfolg auch vom Erfolg der Teammitglieder ab. So sollen Führungskräfte auch offen für neue Gewohnheiten sein und zu echten Vorbildern werden. Dies ermöglicht es Teammitgliedern, ihr Verhalten zu überdenken, wenn sie merken, dass eine Änderung des Verhaltens bei der Führungskraft stattfindet. Dabei sollte auch darauf geachtet werden, dass Führungskräfte allgemein die Möglichkeiten besitzen, in laufenden Arbeitsabläufen Veränderungen umzusetzen. Schließlich weiß die obere Chefetage in der Regel, wo Fehler gemacht werden, nur muss auch der Verbesserung der Fehler Platz gegeben werden.[50]

Wir lernen hauptsächlich von Menschen, mit denen wir eine gute soziale Beziehung pflegen. Autoritätspersonen können als Vorbilder fungieren, wenn sie tatsächlich als Respektspersonen anerkannt werden. Aber nicht nur Autorität, sondern auch Sympathie oder Ähnlichkeit sind von erheblicher Relevanz. Eine Nachahmung findet häufiger statt,

---

[47] Vgl. *Maier/Schneider* (2012), S. 73-74.
[48] Vgl. *Rademacher* (2014), S. 110-111.
[49] Vgl. *Horstmann/Dreisbach* (2017), S. 77.
[50] Vgl. *Kaudela-Baum et al.* (2018), S. 20-21.

wenn für das Gegenüber eine Sympathie gehegt wird, und nicht dann, wenn eine entfremdete emotionale Beziehung besteht.[51]

Schließlich ist noch die **Reproduktion bzw. Nachbildungsphase** zu nennen. Der Beobachter ahmt das beobachtete Verhalten nach und erinnert sich an das gespeicherte Verhalten. Dieses Verhalten wird durch sich wiederholende Bewegungsabläufe nachgeahmt. Dabei muss das neue Verhalten viele Male geübt und getestet werden.[52]

7.3 Zusammenfassung

Für Unternehmen erweisen sich die Motivation und vorbildliches Verhalten von Führungskräften als wesentlicher Bestandteil eines jeden organisatorischen Rahmens. Dabei tritt das Beobachtungslernen in den Vordergrund. Beim Betrachten des Modells lassen sich verschiedene Effekte erkennen. Modelllernen oder Beobachtungslernen beschreiben den Erwerb neuer kognitiver Fähigkeiten, Regeln und Verhaltensmuster, die noch nicht im Repertoire vorhanden sind.[53]

Der Umgang mit konkreten Führungsfällen ist dabei als ein wichtiger Teil der Führungskräfteentwicklung anzusehen. Bei der Bearbeitung eines gezielten Führungsfalls setzen sich die Führungskräfte mit ihrer eigenen Führungsrealität wie auch ihrem Führungsstil auseinander. Angehende Führungskräfte können sich in die Führungsfälle anderer identifizieren und haben die Möglichkeit, dazuzulernen und gegebenenfalls somit ihre Schwachstellen zu identifizieren und zu korrigieren.[54]

Beim Menschen ist das Lernen allgemein durch Nachahmung von besonderer Bedeutung. Dabei sind die wichtigsten Erkenntnisse das Menschen zu beobachten, zu imitieren und daraus zu lernen. Der Prozess des Lernens durch Beobachtung beinhaltet wie bereits erwähnt vier Stufen: Aufmerksamkeit, Gedächtnis, Nachbildungsphase und Motivation. Die ersten beiden Phasen werden verwendet, um das Modellverhalten zu erhalten, während die letzten beiden Phasen die Verhaltensausführung beinhalten.[55]

Bei der ersten Phase, dem Aufmerksamkeitsprozess, sollte das Individuum aufmerksam beobachten und sich auf das Wesentliche fokussieren. Damit die Beobachtung später nachgeahmt werden kann, müssen die einzelnen Aktivitätsschritte schließlich ins Gedächtnis gespeichert werden. Das Lernen kann dabei verbal oder visuell erfolgen. Wenn das Modellverhalten gut gespeichert wurde, sollte es grundsätzlich reproduzierbar sein. Schlussendlich beschreibt der Motivationsprozess die Ausführung des Verhaltens eines

---

[51] Vgl. *Rademacher* (2014), S. 112.
[52] Vgl. *Horstmann/Dreisbach* (2017), S. 77.
[53] Vgl. *Kanning* (2019), S. 272.
[54] Vgl. *Kaudela-Baum et al.* (2018), S. 13.
[55] Vgl. *Myers* (2014), S. 321.

Modells als Ergebnis des entscheidenden Impulses der Motivationssituation. Dies bedeutet, dass Maßnahmen, die als angemessen erachtet werden und/oder positive Folgen haben, mit größerer Wahrscheinlichkeit durchgeführt werden.[56]

---

[56] Vgl. *Urhahne et al.* (2019), S. 16-20.

8 Fazit und Ausblick

Führung im 21. Jahrhundert bedeutet Führung unter anderen Voraussetzungen. Führungskräfte und Mitarbeiter müssen sich neuen Herausforderungen stellen, besitzen andere Ziele sowie Interessen und auch die Arbeit hat einen anderen Stellenwert als bei der vorherigen Generation.[57]

Nachahmungslernen bzw. Beobachtungslernen rückt in den Vordergrund. Hierbei beobachtet der Lernende und imitiert das Verhalten seines Vorbilds – das Modell, das zum Erfolg führt.[58]

Lernen spielt in der modernen Arbeitswelt eine zunehmend wichtigere Rolle, denn aus jedem Handeln kann gelernt und daraus auch anders gehandelt werden. Führungskräfte können unterschiedliche Lernformen nutzen, um individuelle Lernprozesse zu gestalten.[59]

So spielen beim Imitationslernen die bereits geschilderten sozialen Aspekte eine bedeutende Rolle: Neues Wissen entsteht in einem unmittelbaren Prozess in der Interaktion zwischen Führungskräften und Mitarbeitern, wobei die zwischenmenschlichen Beziehungen an erster Stelle stehen. Beim Modelllernen geht es um den Prozess des Beobachtens und Nachahmens des Verhaltens anderer, also im Unternehmensumfeld eines Kollegen oder Vorgesetzten. Führungskräfte können Feedback zur jeweiligen Arbeitsleistung eines Mitarbeiters in Form von Lob oder Kritik vermitteln. Damit kann eine gute Leistung verstärkt werden, was wiederum die Motivation der Mitarbeiter verstärkt und Minderleistung und Fehlverhalten offengelegt, indem bessere Wege aufgezeigt werden. Ferner sollen langfristige Ziele in die Vision miteinbezogen und die Wichtigkeit der vorgenommenen Aktivitäten artikuliert werden.[60]

Selbstverständlich sollte die Führungskraft bei sämtlichen Entscheidungen als Vorbild fungieren, bei denen sie die Verantwortung für ihr eigenes Verhalten besitzt, mit dem Ziel, das Erreichen eines Imitierens bei den Mitarbeitern zu initiieren. Es geht hierbei um Glaubwürdigkeit sowie um eine optimale Richtung, der auch die Mitarbeiter folgen können. Denn der Versuch, ein Vorbild zu sein, hängt nicht mit dem Status zusammen, sondern vielmehr mit Fairness, Verantwortungsbewusstsein, Verlässlichkeit und damit, authentisch zu sein.[61]

---

[57] Vgl. *Pinnow* (2009), S. 210.
[58] Vgl. *Becker-Carus/Wendt* (2017), S. 343.
[59] Vgl. *Negri* (2019), S. 24.
[60] Vgl. *Franken* (2019), S. 85-86.
[61] Vgl. *Pinnow* (2009), S. 234.

Mit einer intellektuellen Stimulation, bei der kritisches Hinterfragen und Denken zur Verbesserung der Problemlösungsfähigkeiten stattfinden, sollte auch die persönliche Entwicklung eines jeden Mitarbeiters gefördert werden. Indem auch spezifisch auf den Mitarbeiter eingegangen wird mit individuellem Coaching, kann das persönliche Wachstum gefördert werden, um die Leistung eines Mitarbeiters zu erhöhen, was auch den Geschäftserfolg maximiert.[62]

---

[62] Vgl. *Franken* (2019), S. 86–88.

9 Literaturverzeichnis

Bak, P. M. (2019), Lernen, Motivation und Emotion. Allgemeine Psychologie II – das Wichtigste, prägnant und anwendungsorientiert, 1. Aufl., Berlin.

Becker-Carus, C./Wendt, M. (2017), Allgemeine Psychologie. Eine Einführung, 2. Aufl., Berlin.

Berk, E. L. (2011), Entwicklungspsychologie, 5. Aufl., München.

Finckler, P. (2017), Transformationale Führung. Wegweiser für nachhaltigen Führungs- und Unternehmenserfolg, 1. Aufl., Berlin.

Fittkau, K. H./Heyna, P. (2020), Wirksames Führen in der Polizei. Transformationale Führung – Chance auf ein modernes Führungsverständnis, 1. Aufl., Wiesbaden.

Fischer, P. M. (2007), Berufserfahrung älterer Führungskräfte als Ressource, 1. Aufl., Wiesbaden.

Franken, S. (2019), Verhaltensorientierte Führung. Handeln, Lernen und Diversity in Unternehmen, 4. Aufl., Wiesbaden.

Furtner, M. (2017), Empowering Leadership. Mit selbstverantwortlichen Mitarbeitern zu Innovation und Spitzenleistungen, 1. Aufl., Wiesbaden.

Hasselhorn, M./Gold, A. (2013), Pädagogische Psychologie. Erfolgreiches Lernen und Lehren, 3. Aufl., Stuttgart.

Horstmann, G./Dreisbach, G. (2017), Allgemeine Psychologie 2 kompakt, 2. Aufl., Weinheim.

Jansen, L. (2015), Lernen und Gedächtnis, 1. Aufl., Studienbrief der SRH Fernhochschule, Riedlingen.

Kanning, U. P. (2019), Managementfehler und Managerscheitern, 1. Aufl., Berlin.

Kaudela-Baum S./Nagel, E./Bürkler, P./Glanzmann, V. (2018), Führung lernen. Fallstudien zu Führung, Personalmanagement und Organisation. 2. Aufl., Berlin.

Kielholz, A. (2008), Online-Kommunikation. Die Psychologie der neuen Medien für die Berufspraxis, 1. Aufl., Heidelberg.

Kiesel, A./Koch, I. (2012), Lernen. Grundlagen der Lernpsychologie, 1. Aufl., Wiesbaden.

Maier, M./Schneider, F. M. (2012), Psychologie der internen Organisationskommunikation, 1. Aufl., Göttingen.

Müsseler, J./Rieger, M. (2017), Allgemeine Psychologie, 3. Aufl., Heidelberg.

Myers, D. G. (2014), Psychologie, 3. Aufl., Heidelberg.

Negri, C. (2019), Führen in der Arbeitswelt 4.0, 1. Aufl., Berlin.

Pinnow, D. F. (2009), Führen. Worauf es wirklich ankommt, 4. Aufl., Wiesbaden.

Peters, T. (2015), Leadership. Traditionelle und moderne Konzepte. Mit vielen Beispielen, 1. Aufl., Wiesbaden.

Rademacher, U. (2014), Leichter führen und besser entscheiden: Psychologie für Manager, 1. Aufl., Wiesbaden.

Rahmann, H./Rahmann, M. (1988), Das Gedächtnis. Neurobiologische Grundlagen, 1. Aufl., Stuttgart.

Sokolowski, K. (2013), Allgemeine Psychologie für Studium und Beruf, 1. Aufl., München.

Strobach, T./Wendt, M. (2019), Allgemeine Psychologie. Ein Überblick für Psychologiestudierende und -interessierte, 1. Aufl., Berlin.

Schmithüsen, F. (2015), Lernskript Psychologie. Die Grundlagenfächer kompakt. Mit 70 Abbildungen und 17 Tabellen. Unter Mitarbeit von Fernand Anton, Dieter Ferring, Günter Krampen und Georges Steffgen, 1. Aufl., Heidelberg.

Urhahne, D./Dresel, M./Fischer, F. (2019), Psychologie für den Lehrberuf, 1. Aufl., Heidelberg.

Zimbardo, P. G./Gerrig R. J. (2008), Psychologie, 18. Aufl., München.